# El traslado de personas y cosas

**ROCKFORD PUBLIC LIBRARY**

Ellen K. Mitten

rourkeeducationalmedia.com

www.rourkeeducationalmedia.com

PHOTO CREDITS: Cover: © Erick Nguyen; Title Page: © Eddy Lund; Page 3: © Paul Vasarhelyi; Page 4: © Sean Locke; Page 5: © Jay Lazarin; Page 6: © travellinglight; Page 7: © Pierre-Yves Babelon; Page 9: © nullplus; Page 10: © choicegraphx; Page 12: © Jason Lugo; Page 14: © Nancy Nehring; Page 16: © CREATISTA; Page 18: © carlosphotos; Page 19: © cosmonaut; Page 20: © jondpatton, bakalusha, luminis; Page 21: © jondpatton, PapaBear; Page 22: © otografiaBasica; Page 23: © TennesseePhotographer, sgtphoto, shansekala;

Edited by Meg Greve
Traducido y editado por Danay Rodríguez.

Cover design by Tara Ramo
Interior design by Renee Brady

**Library of Congress PCN Data**

El traslado de personas y cosas / Ellen K. Mitten
(El Pequeño Mundo de Estudios Sociales)
ISBN 978-1-61741-792-4 (hard cover) (alk. paper)
ISBN 978-1-61741-994-2 (soft cover)
ISBN 978-1-61236-710-1 (e-Book - english)
ISBN 978-1-63430-134-3 (hard cover - spanish)
ISBN 978-1-63430-160-2 (soft cover - spanish)
ISBN 978-1-63430-186-2 (e-Book - spanish)
Library of Congress Control Number:  2014953694

**Also Available as:**

Rourke Educational Media
Printed in the United States of America,
North Mankato, Minnesota

Educational Media

rourkeeducationalmedia.com
customerservice@rourkeeducationalmedia.com
PO Box 643328  Vero Beach, Florida 32964

Las personas usan medios de **transporte** para trasladarse de un lugar a otro.

Para llegar a la escuela o al trabajo, la mayoría de las personas necesitan viajar. Las personas viajan en automóviles o en autobuses.

Las personas también viajan en **trenes** o en **metropolitanos**.

Los **aviones** trasladan a las personas rápidamente entre ciudades y países.

Los aviones también son utilizados para trasladar mercancías, se llaman aviones de carga.

Las compañías utilizan medios de transporte para trasladar mercancías de un lugar a otro.

Los camiones y los **buques** trasladan toneladas de mercancías por muchos kilómetros de carreteras y agua.

Los camiones con remolques llevan toneladas de mercancías por las carreteras de una ciudad a otra.

Algunos buques grandes transportan mercancías a través de los océanos. Otros llevan las mercancías por las vías de navegación interior.

Los ferrocarriles transportan mercancías o carga utilizando la menor cantidad de energía. Los trenes causan menos contaminación que los camiones.

Las computadoras conectan todos estos diferentes sistemas de transporte para mantener a las personas y a las mercancías en movimiento.

¿Qué medio de transporte te gusta más?

avión

camión

**buque**

**tren**

**autobús**

# Glosario Ilustrado

 **aviones**: Máquinas con alas y motores que vuelan.

 **buques**: barcos grandes que pueden viajar a través de aguas profundas.

 **mercancías**: Cosas que se venden o que alguien posee, como artículos de cuero o artículos para el hogar.

**metropolitanos**: Trenes eléctricos o sistema de trenes subterráneos que circulan por la ciudad.

**transporte**: Medios o sistemas para trasladar personas y mercancías de un lugar a otro.

**trenes**: Conjunto de vagones de ferrocarril accionados por vapor, diésel o electricidad.

# Índice

## Sitos Web

www.travel.howstuffworks.com

www.americanhistory.si.edu/onthemove

www.unionpacific.com

## Acerca del Autor

Ellen K. Mitten ha enseñado niños de cuatro y cinco años de edad desde 1995. ¡A ella y a su familia les encanta leer toda clase de libros!